Liebesgeschichte - Gedichte

Herstellung und Verlag:
BoD-Books on Demand, Norderstedt
ISBN: 978-3-7322-7350-8

Thomas Magdic

Liebesgeschichte - Gedichte

Der Liebe und allen Liebenden gewidmet!

Teil 1: Winter und Frühling 2000

Einbruch
Aufgewacht
Suche
Träume
Sternensaat
An dich denken
Greif zu!
Zeitreisen
Unwissend
Regenbogenzauberei
Ballonfahrt
Dir gut tun
DU
Frühlingsschweben
Frühling mit dir
Grauer Frühlingstag
Zukunft

Teil 2: Sommer 2000

Dein Lachen, Deine Augen
Gefühle mit Ursprung
Gleitflug zu dir
Komm ...
Lichtwandlerin
Liebesdefinition
Liebesgedicht
"Einfach" lieben
Meine Gedanken
Meine Tränen
Mit Dir
Neue Wogen
Sonnenwind
Neuland
Geliebte,
Blaue Flecken
Sehnsuchtmusik
Sternentrost
Tage ohne dich
Wenn du da bist
Galadriel
Uns nah sein
Volles Jetzt
Schmachten ist...

Teil 3: Poesie der Trennung

Abend - und Morgenwunsch
Alles zugleich sein
... denn ich liebe dich
Einfach nur Sehnsucht
Gefühle 1
Gefühle 2
Nicht Trotz, sondern Überzeugung
Kuschelnacht
(Bad Schwartau, 30.9./1.10. 2000)
Glücklichsein
(Timmendorfer Strand, 1. 1 O. 2000)
Ich weiß
Morgens - mittags - morgen
Am schwarzen Strand
Schlaflos
Sieh und Spür
Trauerwolkenschieber
Wir für uns
Wir Sonnen
Immer noch

Teil 4: Erotische Gefühle und Lusthymnen

Sinne in Brand
Frühlingsgewitter mit dir
Zigarettenrauchlust
Ganz nah
Ich will küssen
Klatschmohn
KUSS LIPP LIPP
Liebe im Sturm
Extasen
lust
Lust
Sommerkirschen
(bei -1 5 Grad)
Sonntagmorgen
Versinken

*****

Nachbemerkungen

Teil 1:
Winter und Frühling 2000

Einbruch

bist eingebrochen
in mein leben
in meine seele
in mein herz.
einfach so
oder zweifach
oder dreifach.
ganz so,
wie die sonne
am morgen
in die nacht
einbricht,
wie der frühling
in den winter.
und
kein alarm
schrillt.

Aufgewacht

aufgewacht
neben dir,
du
im morgenlicht.
die sonne
streichelt
dein gesicht.

aufgewacht
neben dir,
ich sehe
dich,
vertrautheitsbild.
du
im morgenlicht,
neben mir.
du
morgenzauber.

Suche

ich gehe
durch
die nun
leeren zimmer.
suche dich.
finde dich,
noch überall.
bist
unheimlich
gegenwärtig
und
zukünftig.
ein haar
auf dem kissen,
dein duft,
in den laken,
deine stimme
in meinem ohr,
dein lächeln,
in meinem herz,
deine augen
in meiner seele,
dein zauber
in mir.
schön,
dich
gefunden
zu haben.

Träume

träume,
von dir.
unsagbar schön
und verwunschen.
träume,
mit dir.
unsagbar stark
und zukünftig.

einschlafträume,
in deinen armen
hinübergleiten.

nachtträume,
in deinen armen
gewiegt, gehalten.

aufwachträume,
in deinen armen
wachgeküsst.

tagträume,
an dich denken,
auf dich freuen.
träume
in mir.

An dich denken

An dich denken
nicht nur
sehnsüchtig,
auch
flauschig,
wohlig,
zart,
rot.

An dich denken,
Sonnenaufgang!
Sonnenuntergang!
Sternenhimmel !
Vollmond!

An dich denken,
neue Universen,
neue Horizonte,
neue Zukünfte,
neue Gipfel,
neue Ufer.
An dich denken,
heißt,
all dies
mit
dir
neu
träumen,
sehen,
leben.
An dich denken!

Sternensaat

hast sterne gesät
an meinem
dunklen firmament.
funkelnde
freudensterne,
glitzernde
lächelsterne,
pulsierende
herzquasare.
die saat geht auf.
und dazwischen
leuchten
rote liebessonnen
rasen
bunte traumkometen.
will gar nicht
aufhören
hinzusehen!

Greif zu

Nimm
meine Hand
und
komm!
Ich mag nicht,
wenn Du traurig bist!
Weil dann
mein Herz
so krampft!

Nimm
meine Hand
und komm!
Ich mag es,
wenn du glücklich bist!
Weil dann
mein Herz
so hüpft!

Greif zu!!

Zeitreisen

zeitsturm,
ewigkeiten
wie
herzklopfen.
jahrhunderte
wie
wimpernschläge.
dimensionen
verschwimmen.
horizonte
verblassen.
unendlichkeiten
weisen
neue ufer.
zeitsturm.

wir setzen
neue segel.

Unwissend

weiss nicht,
wie das kam,
weiss nicht,
womit ich dich
verdient hab.
weiss nicht.

weiss nur,
du bist da.

entzündest gefühle
mit zauberlaternen.
mein herzschlag
wird sichtbar
in magischen spiegeln.
meine seele
holt atem.

vollführst
freudentänze
in meinem
kopf.
schlägst
purzelbäume
in meinem
innersten.
brennst
feuerwerke ab
in meinem
geist.

pflückst
mein herz
mit
bloßen händen.

weiss nicht,
wie das kam,
weiss nicht,
womit ich dich
verdient hab.
weiss nicht.

weiss nur,
ich lass es
einfach geschehen.

regenbogenzauberei

mit dir ein paar stücke
vom regenbogen pflücken.
nicht zuviel,
dass ihn
auch bloß noch alle sehen.
es wäre schade drum.

auch
um uns.

sonst können wir nicht mehr
untendurchlaufen.
in
unsere welt dahinter,
wo uns niemand sieht,
wo
vertrautheitsbäume
wachsen
geborgenheitsblumen
blühen.
der regenbogen
nur für uns
glüht.
auch wir
glühen.

mit dir ein stück
den regenbogen
erklettern,

gemeinsam
sanft
hinabgleiten
mitten
hineintauchen
in das blaue
blumenmeer
auf der
lichtung
im zauberwald.

ballonfahrt

ich habe mir einen
deiner ballons ausgesucht!
bin eingestiegen,
deinen wegweisern
gefolgt,
im gewirr
der farbenprächtigen
regenbogenwälder.

ich folgte
der zarten spur
deines
frühlingsduftes.
dein warmer atem
war mir
weg und weiser
zugleich.

bei der landung
ließ mich
nicht nur
deine frische
wohlig frösteln.

doch dann
umfingen mich
sanft deine
warmen arme,
mein müder kopf fand
deine schulter
zum ausruhen.

später dann,
wange an wange,
blicken wir
den wellen
des flusses
nach,
lassen uns treiben
in unseren guten
gefühlen füreinander.

nur ganz aus der ferne
nehmen wir wahr,
wie uns der ballon ruft.

das rufen
schleicht
als
süßes flüstern
in
unsere köpfe.

als wir abheben,
genügt ein blick
unserer fingerspitzen,
zart aneinandergelegt,
die höhen und weiten
zu schauen,

die kühnen gipfel,
die sanften täler,
bis wir,
vor lauter
glück
nicht mehr hinsehen.

die landung
am ende des regenbogens
geschieht wie von selbst.
der zauberwald
spendet uns
im überfluss
warmes,
üppiges
grün.
so selten
und rar
wie die glitzerperlen
in seinem dunklen moos.
traum und erdung,
zauber und wahrheit
in perfekter balance.
die landung,
mitten hinein
ins glücksmeer.

lassen wir
die wogen
über uns
zusammen schlagen.

Dir gut tun

Ich spanne dir gerne,
einen Regenbogen,
mitten hinein
in diesen
grauen
Feiertagshimmel!!!

Ich bohre dir gerne,
ein Sonnenloch,
mitten hinein
in diese
grauen
Feiertagswolken!!!

Ich habe Dich gerne,
Du Sonnenstrahl,
Du Regenbogenquelle,
Du Grauwandlerin,
Du blauer Himmel.

Du

frohe hoffnung
im kummer,
helle farbe
im grau,
kühler schatten
in der hitze,
frischer quell
in der dürre,
rettende oase
in der wüste,
strahlender stern
am schwarzen firmament.
doch all das,
beschreibt
dich
nur
sehr
ungenügend!

Frühlingsschweben

wenn
die träume des frühlings
auf
glitzernden moosen
landen
dann bin ich bei dir.

wenn
die tautropfen
auf
dem glitzermoos
meine
lippen benetzen
dann bin ich bei dir.

wenn
die sonne des frühlings
warm
in mein herz scheint
dann bist
du
bei mir.

mit deinem
herrlichen lächeln
mit deinen
wundervollen augen
mit deinem
köstlichen mund
mit diesen
wundervoll-sinlichen lippen.

und überhaupt. ...
von dir köstlichkeit
zu träumen,
an dich zu denken
ist
schweben.

Frühling mit Dir

meine seele
reckt
und streckt
sich.
alte
winterkrusten
bersten,
platzen ab.
bunte
und
weiße
regenbogen
spannen sich.
von mir zu dir.
von dir zu mir.
und
mittendurch
und
mittendrin
und
überhaupt:

DU,
prickelnd,
kuschelnd,
zärtlich,
liebend,

DU,
wie ein
kühler regen
auf
meiner
heißen
haut,
auf
meiner
wunden
seele,
in
meinem
kopf,
in
meinem
herz.

frühling
mit
dir.

grauer frühlingstag

grau in grau
die welt
ohne dich.

doch
du
faßt
mein herz.

es schlägt
es springt
es singt
es hüpft.

gedanken
an dich,
deine haut
deine nähe
deine lippen
deine hände
deine wärme.

mein herz
malt
ein bild
von dir:
frühlingssonne
durchbricht
das grau!

Zukunft

spüre
den
südwind,
der
meine küsse
zu dir
trägt.

fühle
den
nahenden sommer
der
meine glut
für dich
in sich
birgt.

denke
an
die nacht,
die
die zukunft
eines
neuen tages
in sich
trägt.

sieh
die
helle sonne,
die
das warme
licht
meines herzens
zu dir
trägt.

Teil 2:
SOMMER 2000

DEIN LACHEN, DEINE AUGEN

dein lachen
streut
bunte
sommerblumen
auf
schimmernde,
glasklare
wasser.
nachts
erblassen
die sterne
vor neid,
wenn
deine augen
diese wasser
erstrahlen
lässt.

gefühle mit ursprung

seit
monaten
wochen
tagen
stunden
spüre ich
schmetterlinge im bauch.

mein herz
springt
und
hüpft
und
schlägt
vor lauter
liebe zu dir.

seit
monaten
wochen
stunden
jagen
gedanken an dich
im kopf herum
wie wirbelstürme,
explodieren
gefühle für dich
wie sterngeburten,
schmelze ich
nicht nur
vor sehnsucht
dahin.

dabei
hattest
du mir
doch nur
eine zehntelsekunde
lächelnd
in die augen
geblitzt.

gleitflug zu dir

sommeranfang
mit dir.
mein herz
blüht
wie klatschmohn.
lautlos,
schwerelos,
schwebe ich
über
blühende
sommerwiesen.

ihr duft betört,
erinnert mich
an dich.

berauscht
torkele,
trudele,
lande
ich
in deinen
sanften armen.

komm...

komm,
du sommerhauch,
streich mir,
leise
durch mein haar.

komm,
du sommerduft,
steig mir,
betörend
in meine nase.

komm,
du sommerwind,
kühle mir,
sanft
meine heiße stirn.

komm,
du sommersonne,
trockne mir,
zart
meine tränen.

komm,
du,
meine liebe,
komm zu mir,
in mein
leben,
in meine
träume,

tag
und
nacht
und
mach
mich
glücklich.

komm...

Lichtwandlerin

wenn du da bist. ..
steht
die sonne
hell
am himmel
und doch ...
wird
das licht
leiser
sanfter
milder ....
wenn du da bist.
wenn du da bist. ..
stehen
die sterne
strahlend
am himmel
und doch
wird
das strahlen
lauter
heller
funkelnder
wenn du da bist!!!

Liebesdefinition

in deinen augen
versinken
doch wissen,
wieder auftauchen
zu müssen.
in deiner lust
ertrinken
doch wissen,
nicht
daran zu sterben.
mich dir öffnen
doch wissen,
nicht ausgeraubt,
sondern reich
beschenkt
zu werden,
dich in der ferne
vermissen,
doch wissen,
dir nahe
zu sein.
dies nenne
ich
Liebe.

Liebesgedicht

mit vollen händen
schöpfe ich
aus dem
GLÜCK
dir begegnet
zu sein.
in vollen zügen
geniesse ich
das
GLÜCK
DICH
zu lieben.

einfach lieben

möchte,
dich
genießen,
von sinnen,
mit sinnen.
möchte,
uns
genießen,
von sinnen,
mit sinnen.
möchte,
dass
du
mich
genießt,
von sinnen,
mit sinnen.
möchte,
dass
wir
uns
genießen,
von sinnen,
mit sinnen.
möchte
uns,
vor allem,
mit allem.

Meine Gedanken

meine gedanken,
bei dir,
voll wärme,
voll sonne,
voll liebe.

süße verliebtheit,
herrlich blind,
wundervoll zart,
wolkenweich.

ich bin
gerne
bei dir.

auch
an trüben tagen,
scheint
deine
sonne
für mich.

Mit dir

mit dir,
glitzernde
sternschnuppen
sammeln,
fahle
nachtschatten
bunt anmalen,
tobende
stürme
aus wassergläsern
befreien,
strahlende
kometenschweife
zu sträussen
binden,
silbernes
vollmondlicht
in netzen
einfangen.

Mit dir
sein.

Meine Tränen

meine tränen
eilen dir
nach,
eilen dir
vor,
zu
den sternen,
zum
meer,
zur sonne.

und du?
du
machst
diamanten daraus
und
glitzernde funkelsteine.
lässt sie,
den
allerschönsten
regenbogen
hinauf
und
hinunterkullern,
den ich
je
fürdich
gespannt
habe.

ich weiß.
du
lässt sie
nicht
achtlos liegen.

roll sie ein
in den
regenbogen,
trag sie
in deinem
kopf
und
am
herz.

und wenn wir
dereinst
die zukunft
besiegen
und
abheben,
entrolle
den
regenbogen
und lass sie frei,
als neue
sterne
in neuen
firmamenten.

Neue Wogen

Mit dir,
Seite an Seite
Wogen des Glücks
glücklich durchpflügen.
Mit dir,
Arm in Arm
an warmen Ufern
leise auszittern.
Mit dir,
Wange an Wange
neue Wogen
staunend aufspüren.
Mit dir,
An warmen Ufern
Seite an Seite
Arm in Arm
Wange an Wange
Auge in Auge
Mund an Mund
diese
Wogen
auskosten
bis
zum
neuen
Morgenrot.

Sonnenwind

Meine Gefühle
sind
bei dir.
Meine Gedanken
sind
bei dir.
Meine Träume
sind
bei dir.
Ich
bin
bei dir.
Der
Sonnenwind
küsst
uns,
streichelt
uns,
umarmt
uns.
Wir
sind
bei
uns.

Neuland

bin sanft
gelandet
an deinen
ufern.
hab dabei
vor lauter
staunen
und
wundern,
dich
oft
nicht
gesehen.
oft nur,
an deinem
strand
entlang gewandert,
anstatt
mich aufzumachen
in dein
inneres.
wollte
dich
suchen,
ohne
zu finden,
dich
greifen,
ohne
zu begreifen,
dich
verstehen
ohne
zu wissen,

dich
hören,
ohne
zu fragen.

wollte
könig sein,
ohne krone,
bauer sein,
ohne land.
der schmerz
der erkenntnis
bringt mich
zurück
auf
den weg
zu dir.
will mich
neu
aufmachen
zu dir,
aber nun
mit
mir.
will mich
neu
aufmachen
zu mir,
aber nun
mit
dir.

Geliebte

ich möchte,
dass du dich
wieder
auf mich
freuen
kannst.

ich wünsche mir,
dass du mich
kennenlernst,
als der,
der ich bin,
als der,
den ich,
warum auch immer,
viel zu oft
wegstecke,
verstecke:

der magier,
und
verzauberer.
der
regenbogenspanner
und
poet.
der maler
und
musikant.

als
den fröhlich-lachenden
und
lustigen,

den gegenwärtig-zukünftigen
und
optimistischen.

den konkret-utopischen
und
visionären.
den vorwärts-schauenden
und
den vorwärts-gehenden.
den fehler machenden.
den offen-toleranten
und
großzügigen.
den starken
und
belastbaren.
den
liebenswerten.
den,
den du
gut leiden kannst.
den,
den du magst.
den,
den du schätzt.
den,
dem du vertraust.

den,
den du achtest.
und den,
der dich achtet.,

den,
auf den
du
dich
freuen
kannst.
ich freue mich
mit
dir.
auf mich.
auf dich.
auf uns.

blaue flecken

blaue flecken
im
herbsthimmelgrau,
ein letzter sonnenstrahl
streichelt
abgeerntete felder.
ein ballon
am abendhimmel
eilt,
schwebt
dir entgegen,
bringt dir
bunte,
warme
und
nahe
bilder
und liebe
gedanken
von mir.

sehnsuchtmusik

klang der sehnsucht.
wie
der gesang des windes,
der durch die bäume weht.
wie
regentropfentrommeln gegen das fenster.
wie
kerzenflammenknistern vor dem bett.
wie
das rauschen der wellen,
wenn sie auf den strand rollen.

ich höre diesen klang
und wünsche,
neben dir zu gehen,
um den wind singen zu hören.
ich wünsche,
an deiner seite zu sein
wenn der regen fällt.
ich wünsche,
in deinen armen zu liegen,
wenn das kerzenlicht
über deine wangen fließt.
ich wünsche,
mit dir das rollen der wellen
an unseren körpern zu spüren.

dann fühlen,
wie sehnsuchtmusik
zum liebesklang wird
und

der wind uns
ein liebeslied singt,
die regentropfentrommeln
leise den takt schlagen,
das kerzenlicht uns
warm umhüllt,
die wellen uns
weit davontragen...

Sternentrost

sterne
ausgesät
von dir
in vollmondnächten.
wir schauen,
wie
sie blühen,
glitzerblumen gleich
am schwarzfirmament.
im dunkel der unendlichkeiten
leuchten sie uns hell.
noch aus der ferne
sehn wir,
wie sie
uns scheinen
zum trost
um die kilometer
zwischen uns,
zu überbrücken.

Tage ohne dich

tage ohne dich,
welk,
wie disteln im hochsommer.
tage ohne dich,
trüb,
wie ein zirkus ohne lichter.
tage ohne dich,
traurig,
wie kinder ohne lachen.

tage mit dir,
glitzernd-romantisch,
wie schätze von piraten.
tage mit dir,
zärtlich-kosend,
wie küsse auf babyhaut.
tage mit dir,
feurig-prickelnd,
wie champagner
beim milleniumsfeuerwerk.

Wenn du da bist. ..

wenn du da bist,
fliegt
mein herz
hinauf,
in
höchste höhen.
frei,
wie ein
mauersegler.

wenn du da bist,
hüpft
mein herz
auf und ab
wie
fröhliche kinder
auf
einer
springburg.

wenn du da bist
bin ich
glücklich.

Uns nah sein

Meine Gedanken
sie eilen
zu dir,
legen
vorsichtig
meine Seele
in deine
sanften Hände.
Du
streichelst
zart
mein
Innerstes.
Ich
öffne
mich
behutsam,
doch
stetig.
Ich
mag es,
wenn
ich
dir,
wenn
du
mir,
wenn
wir
uns
so
nahe
sind.

Galadriel

der mond
steht
als sichel
im
venusviertel.

wie gut
dir
das mondlicht
steht.

hoch am himmel
ziehen
die fänger der träume
vorbei,
wie
wilde schwäne.
sie suchen
dich,
tochter der sterne.

doch du bist
gewappnet
mit deinem
prachtvollen
lächeln.

strahlend,
heller
als

die feuertänzer
als
die maskentänzer
als
die sünden der engel
aus
längst vergessenen
märchen.
wie gut
dir
das mondlicht
steht.

Volles Jetzt

Du
in
meinen
tollsten
Gedanken.
Abseits
wartet
der
Schlaf.
Mein
Kopf
traumrandvoll
von
Dir.
So
bin
ich
bei dir.
Jetzt.

schmachten ist...

dich spüren
und
nicht an dir zu liegen.
dich riechen
und
nicht dir nahe zu sein.
dich sehen
und
nicht dich vor mir zu haben.
dich hören
und
nicht deine stimme zu hören.
deine nähe zu spüren
und
nicht mit dir kuscheln zu können.
dir erzählen
und
nicht deine mimik dazu zu sehn.
die sonne und den mond
auf- und untergehen zu sehen
und
nicht mit dir dies teilen zu können.
aufzuwachen
und
nicht deine wärme
zu schnuppern.

Teil 3:
Poesie der Trennung
(am 13. September 2000)

Abend-und Morgenwunsch

Wenn der Mond die Sonne
abends zur Ruhe bettet,
der Nachtvogel sein Rufen beginnt,
die Bäume ihre bunten Blätter
dem kühlen Herbstwind opfern,
die Sterne den Himmel
in Glitzerlicht tauchen,
möchte ich
Dich zärtlich
mit meinem Körper zudecken
und
Dich küssen.

Wenn der Morgen
schläfrig den Nebeln entsteigt,
die Welt den jungen Tag beginnt,
die Sonne das Land
mit malerischen Bildern versieht,
die Menschen sich
die Nacht aus den Augen reiben,
möchte ich
neben Dir
erwachen
und
Dir lächelnd
in die Augen schauen.

ALLES ZUGLEICH SEIN

Sonnenfluten
röten liebevoll
deine zarten Wangen.
Ich möchte zugleich
das Rot sein
und
deine Sonne.

Mondlichttropfen
funkeln geheimnissvoll-strahlend
in deinen schönen Augen.
Ich möchte zugleich
Mond und Tropfen sein
und
darin eintauchen.

Südwind
lässt duftend
dein Haar wehen,
ich möchte zugleich
Wind und Süden sein
und
duftversinkend Haare wühlen.

Glück zaubert
ein magisches Lächeln
auf deine prachtvollen Lippen.
Ich möchte zugleich
Glück und Magier sein,
deine Lippen
immer nur
glücklich und lächelnd
sehen und küssen.

EINFACH NUR SEHNSUCHT

hab sehnsucht nach dir!
wünsch mir,
dein lächeln zu sehen,
deine nähe zu genießen,
deine wärme zu spüren,
in deine augen zu tauchen.

hab sehnsucht nach dir!
wünsch mir,
deine sanfte berührung,
deine streichelnden hände,
deine heißen küsse,
dein liebes wort.

hab sehnsucht nach dir!
brauch dich sehr,
zum kuscheln und reden,
zum lachen und weinen,
zum lieben und leben,
zum teilen und glücklichsein.

hab sehnsucht nach dir!
brauch dich sehr,
um
wieder lebensfülle
zu riechen,
wieder zu wissen,
wer ich bin,
wieder innige vertrautheit
zu erleben,
wieder sinnlichste lust
und
tiefste liebe zu leben.

hab sehnsucht nach dir!
ersehne dich glück,
wünsche dich zukunft,
träume dich liebe,
begehre dich frau
vermisse dich freundin,
liebe dich
MENSCHIN.

...denn ich liebe Dich

Es ist mehr
als eine wunderbare Zeit,
deren Beginn unvergesslich ist.
Es ist mehr
als ein Spiel mit dem Feuer,
es brennt tiefer und heißer.
Es ist mehr
als körperliches Verlangen,
es ist tiefste Sehnsucht.
Es ist mehr
als überwältigende Zärtlichkeit,
es ist intimer und hingebungsvoller.
Es ist mehr
als ein Sich-kennen,
es ist vertrauter, inniger.
Es ist mehr
als ein bloßes Abenteuer,
dessen Zauber schnell verblasst.
Es ist mehr
als ein wildes Strohfeuer.
es ist Magma, urgewaltig.
Es ist mehr,
viel mehr,
....denn ich liebe Dich.

Gefühle 1

ich fühle,
wie sehr
du
mich
jetzt
brauchst.
ich wäre gern
bei dir.
ich fühle,
wie sehr
ich
dich
jetzt
brauche.
ich wäre gern
bei dir.
ich fühle,
wie sehr
wir
uns
jetzt
brauchen.
ich wäre
gern bei dir.

Gefühle 2

Seit Monaten
spüre ich
Schmetterlinge im Bauch.
Nicht einen
oder zwei,
sondern
Schmetterlingsschwärme!

Mein Herz
hüpft,
vor heller Freude
springt,
vor süßem Glück
schlägt,
tollste Purzelbäume
pocht,
im Takt der Verliebtheit und Liebe.

Seit Monaten
jagen
meine Gedanken
im Kopf herum
wie ein Wirbelsturm.
Wo
ist meine Ruhe?
Wo ist
meine Ausgeglichenheit?
Du
hast mir
doch nur
eine Zehntelsekunde
in die Augen
geschaut,
geblitzt,
gefunkelt.

nicht Trotz, sondern Überzeugung

    hoffnungslos?
ich werde nicht aufhören
    zu hoffen!
    auch, wenn
        das
        nichts
        ändert.

ich werde nicht aufhören
    zu hoffen!
        weil
        ich
        dich
        liebe.
        auch,
        wenn
        das
        nichts
    ändert.

ich werde nicht aufhören
    zu lieben.
        auch,
        wenn
        das
        nichts
        ändert.

Kuschelnacht
(Bad Schwartau, 30.9./1.10.2000)

aus dem
nachtblauen dunkel
gießt der mond
sein silbernes licht
sanft über dir aus.
ich finde
deinen schatten
mit geschlossenen augen,
kuschele mich
ganz hinein
zu dir.
vielfach
leise berührt,
aber noch nie
so zart gespürt
und doch
so,
wie der sturm den strand
flutet,
küsse ich
die kühle deiner haut.
so,
wie das feuer die luft
verzehrt,
atme ich
deinen betörenden duft.
so,
wie die weiche schale die süße frucht
umhüllt,
umschmiege ich
deinen köstlichen leib,

deck dich zärtlich zu
mit mir,
wärme dich
mit mir,
von kopf bis fuß,
nase im haar,
brust an rücken,
schenkel an schenkel,
zehe an zehe.
kuschliger wachschlaf,
traumsüße lust.
das flüstern des mondes
umhüllt uns
mit nachtblauen regenbogen.
wir
kuscheln
uns
geborgen
aneinander.

Glücklichsein
(Timmendorfer Strand, 1.10. 2000)

mit dir am meer.
herbstsonne breitet
sacht ihre schleier aus,
nimmt uns
in ihre wärmenden arme.

der salzige wind
trägt
von ferne
gerüche
von leben und sehnsucht
in unsere nasen.

die sanften wellen spülen
vom blauen grund
warme bilder
voll köstlicher zärtlichkeiten
auf den strand.

der sand rieselt
zwischen den dünen
flüstert leise
zarte worte
zu unsrer umarmung.

der horizont klart auf,
wir tauschen
tiefe blicke,
süße küsse.

für uns
steht der wind still,
atemlos,
fließen die wellen,
vertraut,
bleibt die zeit stehen,
lächelnd.

glück,
tanzt
auf den schaumkronen,
strömt
an unsere offenen ufer,
unfassbar greifbar.

marienkäfer
steigen
in den
blaunebelhimmel
mit uns.
der horizont lacht
mit uns.

ich weiß

ich weiß,
dass ich
mit dir an der seite
diese welt
aus den angeln heben könnte.

ich weiß,
dass wir
mit uns an der seite
diese welt
gemeinsam gestalten könnten.

ich weiß,
dass ich
mit dir an der seite
jeden windmühlenkampf
leicht gewinnen könnte.

ich weiß,
dass wir
mit uns an der seite
aus windmühlenkämpfen
zukunft für uns
gewinnen könnten.

ich weiß,
dass ich
mit dir an der seite
mutig sein,
lachen,
vertrauen,
fühlen,
lieben,
leben kann.

ich weiß,
dass wir
mit uns an der seite
SEIN können.

morgens - mittags - morgen

morgens,
der tag
grau und verhangen,
gedanken
verworren und chaotisch,
blicke
tränenverschleiert und trüb,
worte
heiser und voll trauer.

mittags,
liebe
rein und intensiv,
gefühle
tief und gut,
sehnsucht
stark und warm,
vertrauen
ungebrochen und wahr.

morgen:
der tag,
wie du
sonnig und blau,
gedanken,
bei dir
liebevoll und schnörkellos
blicke,
auf dir
warm und lächelnd
worte,
zu dir
zärtlich und süß.

Am schwarzen Strand

Leise Gefühle
zerrinnen
tränenlila
zwischen
sturmblau
und
himmelgrau.
Unsicher
wirft
der schwarze Strand
das farblose Echo
zurück
in die nachtblauen Wogen.
Wir hören nur
die Quallen träumen
vom Schlachtgesang
bemooster Aale.
Gefühle
taumeln
im Abgesang
der Elemente,
durchdringen sich
im
Sturmblau und Strandschwarz,
im
Himmelgrau und Tränenlila,
verhallen leise
im wogenden Nachtblau.
Sprachlos.
Zeitlos.
Endlos.

Schlaflos

Marsstürme, rot,
Nachtsilber, funkelnd,
Sternschnuppen, glühend
Sommermond, voll
ich weiß,
was mich
des nachts
nicht ruhen lässt:
Schöne Träume,
die mich zu dir
wirbeln,
treiben,
reißen,
fegen,
um mich,
an deiner Seite
sanft und leise
in den Schatten
deines Mundes
zu legen.
Lass mich
nicht
einschlafen!

trauerwolkenschieber

ich nehme
diese trauer
als wolkenschieber
und lege dir
die sonne frei.
ich nehme
diese tränen
als prismen
und fange dir
sonnenstrahlen ein.
ich nehme
diesen schmerz
als druckpresse
und forme dir
sonnendiamanten.
ich nehme
diese leere
als paket
und sende dir
diese diamanten,
als zeichen
meiner liebe
zu dir.

SIEH und SPÜR

reib dir
den schlaf
aus den augen,
vertreib
die nacht.
sieh den roten sonnenwagen,
den ich dir sende,
mit meinem
strahlendsten
lächeln für dich,
mit liebe gewickelt
in weisse, zarte regenbogen.

reib dir
den schlaf
aus den augen
vertreib
das dunkel.
sieh die hellen morgennebel steigen,
die dir
für diesen tag
sonne
verheißen,
wärmend, kuschlig, vertraut,
wie
meine umarmungen.

reib dir
den schlaf
aus den augen,
vertreib
die nebel, das dunkel, die nacht,
und
sieh
und
spür:
dein augenblitzen-mein eintauchen,
deine köstlichkeit-mein begehren,
dein frieren-meine umarmung,
deine fülle-meine sehnsucht,
deine kraft-meine stärke,
dich-mich,
mich-dich,
uns.

Wir für uns

wenn gegen abend
die sommersonne welkt,
müde wanderin im
dunstgelben frack,
sinken
meine gefühle für dich
nicht mit
unter den horizont!
ich bleibe bei dir,
mit mir,
mit dem,
was ich dir
sein möchte:
Vieleiniger,
Geliebter,
Bruder,
Vater,
Sohn,
Partner,
Einzigartiger.
ich bleibe bei dir,
mit dir,
mit dem,
was du mir
bist,
sein kannst:

Vieleinige,
Geliebte,
Schwester,
Mutter,
Tochter,
Partnerin,
Einzigartige.
Lassen wir
die Sonne
über dieser Liebe
einfach
nicht welken!

Wir Sonnen

wenn aus traurigen tagen
nachtschatten wachsen,
dann bist du da
und die sonne
geht auf.
wenn aus nebligen morgen
tagschatten drohen,
dann bist du da
bei mir
und die
sonne geht auf.
wenn der vollmond
schlagschatten wirft,
dann sind wir
bei uns,
und lassen
selbst
die sonne aufgehen!!

Immer noch

Immer noch
zärtliche
Gedanken,
brennende
Sehnsucht
und
Begehren.

Immer noch
das Leuchten
Deiner Augen,
die Wärme
Deiner Liebe,
jedes Wort von Dir.

Immer noch
diese zärtlichen Küsse,
all die
Augenblicke,
völliger
Verbundenheit,
Zärtlichkeit
und
Vertrautheit.

Immer noch
irdisches Losgelöstsein,
berauschende Ekstase,
Trunkenheit vor Glück
und immer noch
Herzklopfen
und immer noch
verliebt.
Immer noch!

Teil 4:
erotische Gefühle
und
Lusthymnen

Sinne in Brand

Deine Augen,
in ihnen
bade ich nackt
wie in einem
geheimnisvoll-schönen
See.
Unsere Sinne,
sie sind
in Brand geraten,
leuchten roten
Aufregungsalarm,
rufen
Eindrücke zu einem
Brennpunkt,
fokussieren
das Leben,
verdichten
es.

frühlingsgewitter mit dir

die sonne streift
vorwitzig-hitzig
durch
frühlingswiesen.

fast heimlich,
und dunkel,
wie ein leiser
verdacht,
schleicht
am waldrand
durch
grünende büsche.
die sommerlust
heran.

heiße lippen
küssen
kühles gras,
pflücken lustperlen
im feuchten moos.

wir hoffen
beide
auf gewitterfrische,
wenn
unsere glühenden leiber
verschlungene wegknoten
bilden.

der sommer
schließt
seine augen,
lider zittern,
wimpernschläge
der lust,
wegränder
erbeben,
vögel schweigen
atemlos.

blitze zucken,
donner grollt,
rollt wogend
doch schwerelos
aus
geheimsten tiefen
gewaltig heran.

zigarettenrauchlust

neben dir
entspannt,
lustmüde
auf dem rücken
liegen.

mein blick
verträumt,
verfolgt
den rauch
der zigarette.

in flauschigen
fäden
zieht
wolkenrauch
hinauf
zum dunkel
über
der leisen
kerze
und
malt mir
ein
wonnemuster.

der wohliger
schauder
auf deiner
heißen haut

ein
ungehörter laut
aus
lustverzückten
lippen.
mein blick
lustverträumt,
verfolgt
den rauch
der zigarette.

ganz nah

ganz nah bei dir,
dich sehen, dich riechen, dich fühlen
und ganz langsam
die sinne verlieren
vor lauter wonne.
dich küssen, dich schmecken,
dich lustvoll
immer wieder und wieder
neu
entdecken.
deine sanft,
doch
herrlich-kühn
gewölbten
hügel
zart erstürmen.
deine
geheimnisvoll-dunklen
knospen
umflattern,
sie pflücken
mit meinen lippen.
nach lustperlen
tauchen
an deinem
geheimsten ufer.

und dann,
mit dir,
gemeinsam
tanzen
auf dem
wogenkamm
unserer lüste.
unsere
erregung
genießen,
auskosten,
bis
die wogen der wollust
über uns
zusammenschlagen.

ICH WILL KÜSSEN

Ich will küssen
und will,
dass
meine Zunge
Deine Zunge
berührt.
In unseren Mündern drin,
und den Mund berühren,
Deinen Mund,
Mit meiner Zunge ihn berühren,
Deinen Mund,
deine Zunge.

klatschmohn

ich liebe dich,
deine haut
träume,
sie zu berühren,
zu streicheln.
mit meinen händen
warme
luftpolster
aufwirbeln
... dazwischen ...
wohlige gänsehaut. ..
elektrisierend,
sich aufladend
zu lustpolstern.

augen zu,
leise töne
von irgendwoher.
aus dir,
aus mir.
mein wunsch
dein ohr zu riechen,
jede kleine windung
zu erkunden
zu schmecken
zu reiben
mit lippen
mit zunge
mit nase
zarte lustanfälle
sanft gewunden.

meine hand
gleitet und streichelt
erkundet, spürt
und vertieft...
sucht
sich immer tiefer,
findet
zu dir hin.
wie bist du mir
so herrlich vertraut.
augenlid,
halsbeuge,
armbeuge,
diese sanften
senken
und
gruben.
nase
lippen
zunge
gleiten
über
deine brüste.
ich ertrinke fast
in
deinem duft.
und
weiter
mit den fingern,
mit der nase,
mit den lippen,
mit der zunge
immer tiefer

.

rechts
links
tiefer
weiter
tiefer.
ein wundervolles
geschenk,
eine wundervolle
gabe:
Du,
mensch,
frau,
haut,
pulsierendes leben
betörender duft.
heisere stimme.
kerzen
werfen
flackernde
schatten.
erregung.
wollust.
wahnsinnige lust.
unser atem.
warum atmen
wir kaum ?
mein mund,
mein ohr,
meine nase,
mein gesicht,
zwischen deinen schenkeln.

diese haut,
zart,
vulkanisch,
weich,
straff.
entspannung,
anspannung.
dein geschlecht,
so köstlich.
deine hingabe,
möchte alles
kosten,
küssen,
kosen,
erregen,
endlos reizen.
mein schoß heiß,
pocht,
herzschläge
langsam
immer schneller.
komm...
geforderte,
erküßte explosion...
versprenge
dein nass
auf meine
wangen,
lass mich
ertrinken.
mein kopf.
dein bauch.
dein atem.
deine bewegung.

unter mir.
fühle mich
herrlich schwer,
doch
schwerelos...
feucht
nass
so schön.
begierig
nach deiner
berührung
streichel mich
küss mich
komm über mich
lass mich
in dich
bis
klatschmohn
rot
explodiert.

KUSS LIPP LIPP

KUSS
LIPP
LIPP MICH
ICH ICH DICH
DU DU MICH
LIPP KUSS LIPP
TOHUWABOHU
LIPP MICH
KUSS MICH
FIND MICH

Liebe im Sturm

Vollmond,
silberrotes
Rund
über
schäumendem
Meer,
aufgewühlt
wie
wir.
Warmer Sturmwind
zart-tobend
über unsere Haut,
aufwühlend
durch unsere Haare.
Unter uns
schäumende
Brandung.
Donnerschläge
nach den
Blitzen
unserer
Küsse.

extasen

unsere nächte,
unsere morgen,
unsere tage:
extasen
ein
weniges,
ozeanisches,
mehr
meer.
mehr,
als
lust
fassen
kann.

lust

warmer regen
auf
deiner haut.
ein hauch
von zärtlichkeit.
liebe
ist angestaut.
der himmel
beginnt
zu schwitzen.
zeit
bleibt stehn
kribbeln
bis in
die haarspitzen.

Lust

In deinen Augen
leuchtet
ein Lachen,
in deinen Haaren
wühlt
ein Wind.
In deinen Armen
aufwachen,
kuss-schwindlig
liebestaumelnd.
dein Ohr
beißen,
deinen Nacken
küssen
deine Schultern
fassen.
mein Gesicht
an
deine Brüste
schmiegen.
mit meinen Lippen
saugen,
lutschen,
gleiten
weit
hinab
zur Taille,
deine Sinne
betören.
Deine Schenkel
zart im Griff
bis meine Zunge
deinen Schoss findet.

Mit Fingerkuppen
Pfade
sanft
markieren
denen mein Mund
küssend folgt.
Lippenpfade,
Halsspade
Brustpfade
Lendenpfade
Schenkelpfade
Kniepfade
Fusspfade
hin
und
zurück.
Zusammen
umschlungen
liegen
wir,
erhitzt,
wohlig
erschöpft.
Glücksfunkeln
im Blick.
In unseren
Augen
leuchtet
ein
Lachen.

Sommerkirschen
(bei -15 Grad)

Meine Lippen
schweben
über deiner
zarten Haut,
Die sich
wohlig-nackt
in den
Laken
windet.
Das Prickeln
der Erregung
erklimmt
blitzend
deine Brüste.
Meine Hände
verirren sich
in deinen Haaren
verschlungen,
verschwunden.
Lusthitze
steht
flirrend
über
deinem
Geschlecht,
wie die
Hitze
des Sommers
über
einer
süß duftenden
Blumenwiese.

Das Strahlen
deiner Augen
pulsiert
im
Takt
bebender Lust.
Erregung
steigert sich
zum Verlangen,
das
auf deiner haut
feuchtglänzend
perlt.
Mein Mund
schwebt
über
deiner Knospe.
meine Zunge
berührt sie,
als zerdrücke sie
genüsslich
eine jener
süßen,
dunkelroten
Sommerkirschen.

sonntagmorgen

während ich
ruhig
liege,
malt dein
halbgeöffneter
mund
lippenseidene
bilder
auf meine
haut
im traum
dieses
köstlichen
morgens.

Versinken

meine
fingerkuppe,
schreibstift
meiner seele,
streichelt
dich,
komponiert
zarte
liebeslieder
auf
deiner haut.
smaragdaugen,
leuchtende
grünsterne
strahlen,
zarte lippen
beben
rot.
ich falle,
ich tauche,
ganz sanft
in dich hinein.
warmer,
unendlich
tiefer see.
ich sinke
langsam
auf
deinen
grund.
mein
körper
zerfließt.

Nachbemerkungen

Dies ist, neben den „Traumdrehbüchern", der zweite Gedichterei
der chronologisch die Geschichte einer kurzen, aber sehr inniger
Liebesbeziehung im Jahr 2000 beschreibt.

Beide Gedichtbände können oder sollen sich ergänzen, genau so
wie jeder als einzelnes Werk gelesen werden kann!

Der selbst fotografierte Klatschmohn auf dem Umschlag findet s
Würdigung in einem besonderen Gedicht.
Das Stilleben ist selbst gemalt und gibt den Blick frei auf meinen
Schreibtisch, auf dem außer Rotwein auch immer eine Packung
Drehtabak zu finden war. Beides, neben Kaffee, Vollmond und
Regenbögen, unverzichtbare Begleiter in langen Schreib-Nächten
Tagen.

Thomas Magdic im August 2013